AF358936

LE SERVICE DES EAUX

A BOURG-EN-BRESSE

ÉTUDE PRÉLIMINAIRE

PAR

E. TIERSOT

REPRÉSENTANT DE L'AIN

ANCIEN ADJOINT RÉVOQUÉ DE LA VILLE DE BOURG

MEMBRE DE LA COMMISSION DES EAUX

BOURG

IMPRIMERIE EUGÈNE CHAMBAUD

1874

LE SERVICE DES EAUX

A BOURG-EN-BRESSE.

Le mois de juillet dernier, l'administration municipále de Bourg recevait d'un entrepreneur de Lyon des propositions tendant à fournir à la ville la quantité d'eau nécessaire aux besoins des habitants et à ceux de la ville elle-même, c'est-à-dire à la salubrité, à la propreté et à l'embellissement des rues, des places publiques, des promenades, des routes urbaines et des égoûts.

La question des eaux se trouvait ainsi posée une fois de plus.

Le Conseil municipal, mis en possession de cette question, s'empressa d'en confier l'étude à une commission spéciale chargée d'examiner les conditions les plus susceptibles d'en assurer enfin la réalisation au mieux des intérêts hygiéniques et financiers de la cité.

La commission fut immédiatement convoquée; le maire aurait désiré une réponse immédiate aux propositions qui lui étaient soumises, mais la commission ne jugea pas convenable de se prononcer avant d'avoir examiné toutes les faces du problème. Elle voulait savoir au juste quelle quantité d'eau est nécessaire pour assurer la satisfaction de tous les besoins publics et particuliers ; — si les eaux des prairies de Lent, offertes à la consommation de la ville, sont en quantité suffisante dans toutes les saisons de l'année, par les temps de sécheresse comme par des temps humides et pluvieux ; — si la température et la composition chimique de ces eaux leur assure des propriétés favorables à la santé et aux usages des ménages, et si elles sont susceptibles de se conserver plus ou moins long-temps sans altération.

Il était utile qu'elle se rendît compte de la nature des travaux nécessaires pour assurer la captation de l'eau et sa conduite dans la ville par des moyens qui lui conservassent une température égale et qui garantissent sa pureté contre toute altération. — Il fallait qu'elle pût comparer les divers systèmes d'emmagasinement et de distribution usités dans différentes villes, etc.

Elle devait se rendre compte du prix de ces travaux, — des recettes présumables que pouvait faire espérer la distribution des eaux dans l'intérieur des maisons, — des procédés financiers les plus capables d'assurer la bonne exécution des travaux, en même temps que les charges les moins onéreuses ou les bénéfices les plus considérables pour la caisse municipale ; en un mot, la ville ferait-elle exécuter elle-même les travaux, ou bien en confierait-elle l'exécution à une Compagnie qui, à l'exemple de la Compagnie du gaz, distribuerait à la ville une certaine quantité d'eau moyennant une somme une fois donnée, ou une garantie d'intérêts, ou une subvention annuelle pendant une durée déterminée.

Pour la solution de quelques-uns de ces problèmes la commission ne pouvait mieux faire que de se renseigner auprès des villes qui ont déjà accompli une œuvre pareille. L'étude des travaux exécutés dans ces villes lui permettraient d'éviter les erreurs commises et de profiter dès le début des améliorations que le temps et l'expérience auraient indiquées. Elle n'eut eu garde de négliger un guide aussi précieux ; il fut décidé qu'on prendrait ces renseignements.

Des membres de la commission avaient été informés que des offres avaient été faites à la municipalité de Bourg, par les sieurs Thorrand et Cie, entrepreneurs à Grenoble, lesquels ont fait déjà des travaux de même nature, notamment à Bourgoin, à des conditions financières des plus avantageuses. Le maire, qui n'en avait pas fait part à la commission fut invité à lui communiquer ces propositions ; la même décision fut prise à l'égard de toute proposition que pourrait provoquer la publicité donnée à ces projets, de telle sorte que l'on pût choisir celles qui sembleraient le plus favorables aux intérêts de la ville, tant sous le rapport du service des eaux que sous celui des finances municipales.

La municipalité s'engagea donc à se renseigner

dans le plus grand nombre de villes et à demander au sieur Thorrand de préciser ses propositions ; puis la réunion de la commission fut ajournée à un temps peu éloigné. Deux mois bientôt, se sont écoulés et la commission n'a pas été convoquée. Il semblerait que l'on n'aurait plus autant de hâte de terminer l'affaire. Cependant il s'agit d'un intérêt qu'il n'est pas possible de laisser tomber dans l'eau ou d'ajourner indéfiniment. Nous essaierons donc de l'étudier aussi complétement que possible, en commençant par l'examen de ce qui se passe dans d'autres villes.

Si les renseignements qui nous sont parvenus nous ont induit en erreur ou si les conclusions que nous en tirerons ne sont pas conformes à la vérité et aux intérêts à servir, nous accueuillerions avec satisfaction toutes les rectifications qui pourraient se produire ; ce serait profit pour tout le monde.

***

LE SERVICE DES EAUX A PARIS. — La ville de Paris, dont la population s'élève aujourd'hui à 1,800,000 habitants, reçoit chaque jour, une quantité d'eau qui varie considérablement suivant les saisons et qui peut s'élever à 3,153,160 hectolitres par jour ; la quantité proportionnelle au chiffre de la population a été estimée être de 75 à 150 litres par jour et par habitant. Cette proportion s'augmentera de plus de 50 litres, lorsque les travaux de dérivation de la Vanne amèneront journellement un nouveau million d'hectolitres dans les réservoirs en construction sur les hauteurs de Montsouris à Montrouge. La proportion d'eau disponible chaque jour sera donc de 125 à 200 litres par habitant, suivant la saison.

M. Maxime Ducamp, auquel sont empruntés ces chiffres, fait à leur sujet les réflexions suivantes : « C'est beaucoup, si nous nous reportons seulement à une centaine d'années en arrière ; c'est suffisant si l'on ne tient compte que des exigences indispensables de la vie privée et de la vie urbaine ; c'est peu, si l'on réfléchit que l'eau est un instrument de salubrité et de bien-être que l'on ne saurait prodiguer trop abondamment dans les grandes villes ; c'est presque dérisoire, si l'on se souvient de l'antiquité. Sous Nerva, Rome comptait un million d'habitants et pouvait recevoir de huit à dix millions d'hectolitres par jour, soit huit à dix hectolitres par habitant, c'est-à-dire presque dix fois la part actuelle des habitants de Paris. »

L'eau de Paris provient de plusieurs origines ; elle est amenée en ville par des constructions absolument indépendantes. Les sources du Nord, — Romainville, Belleville, Ménilmontant, — en fournissent 2,160 hectolitres (1). Celles du Sud-Est —

---

(1) Ce chiffre est un de ceux qui varie le plus, suivant que la saison est sèche ou pluvieuse. Les eaux de ces sources sont séléniteuses, peu potables et peu propres à la cuisson des légumes et à la solution du savon. Elles sont entièrement réservées aujourd'hui à l'arrosage des rues et au nettoiement des égouts.

Rungis, Arcueil, Cachan, — en conduisent 1,726 hectolitres à travers le monumental aqueduc d'Arcueil. C'est au-dessus de cet aqueduc que l'on construit l'immense canal destiné à verser bientôt dans les réservoirs de Montsouris, les cent millions d'hectolitres par jour puisés dans la Vanne, à cent soixante-treize kilomètres au sud de Paris, sur le territoire du département de l'Yonne.

Les eaux de la Dhuis, très-pures et très-potables, sont recueillies à cent trente kilomètres de Paris, dans le département de l'Aisne. Il en arrive chaque jour plus de trois cent vingt mille hectolitres dans l'immense réservoir de Ménilmontant (deux hectares de superficie et cinq mètres de profondeur), au-dessous duquel est situé celui des eaux de la Marne. Le réservoir de Ménilmontant a coûté 3,700,000 francs.

La Seine, la Marne et le canal de l'Ourcq fournissent à Paris 2,815,000 hectolitres par jour ; les eaux de la Seine (217,000 hectolitres) sont amenées dans le réservoir de Passy au moyen de six pompes à feu établies le long du fleuve, entre Maisons-Alfort et Chaillot ; celles du canal de l'Ourcq tombent directement dans le réservoir de la Villette, en passant à travers un fort grillage en forme de tamis destiné à retenir les immondices charriées par les eaux, animaux crevés, détritus de légumes, etc.

Enfin, le service des eaux est complété par les puits artésiens de Grenelle (7,480 hectolitres) et de Passy (6,000 hectolitres).

Toute cette eau, avant d'être distribuée en ville, est recueillie dans seize réservoirs ; les deux plus vastes sont ceux de Ménilmontant, qui contient un million d'hectolitres, et celui de Montsouris, qui en contiendra un quart de plus.

La longueur des conduits, depuis le point où l'eau est recueillie jusqu'à celui où elle est distribuée pour l'usage des habitants et de la ville, est de 1,741 kilomètres, plus de trois fois et demie la distance de Bourg à Paris.

Outre la distribution qui en est faite par abonnement dans l'intérieur des maisons, l'eau s'échappe dans les rues, les places, les jardins publics, les parcs, les squares, au moyen de soixante-une fontaines monumentales. — Deux cent huit bornes-fontaines se fermant toutes seules à l'aide d'un ressort, sont livrées au public ; sept cent vingt-cinq autres sont ouvertes chaque jour pendant un certain nombre d'heures par des employés de la ville. Il y a, de plus, 4,593 bouches de lavage s'ouvrant sur le bord des trottoirs pour nettoyer les ruisseaux ; 2,818 bouches, également au niveau des trottoirs, auxquelles on adapte les longs boyaux destinés à l'arrosage des rues, des places, des boulevards et des jardins. Cent autres bouches servent à remplir les tonneaux d'arrosage, et 155 bornes-fontaines sont affectées au service des stations de fiacre, pour la boisson et le lavage des chevaux.

Depuis quelques années, un étranger bienfaisant, qui habite Paris, a fait élever, à ses frais, dans les rues et sur les places de sa ville d'adoption, cinquante fontaines, munies de chaînettes, auxquelles sont attachées des vases en fer pour l'usage des passants. Les fontaines-Wallace sont ainsi nommées du nom de leur donateur.

Il existe à Paris 30,000 puits, à peu près tous hors d'usage. On en a utilisé vingt mille pendant.le siége ; leur peu de profondeur et le voisinage des égouts fait que leur eau est fréquemment souillée et devient rapidement mauvaise.

Les distributions d'eau à domicile ont commencé à avoir lieu dans les premières années du siècle ; elle provenait exclusivement alors du canal de l'Ourcq. Le produit qu'elles ont donné peut nous fournir un précieux renseignement : la première année, en 1800, il n'a été que de 385 francs ; en 1805, il s'était élevé à 4,666 ; en 1808, à 167,370 et et en 1810, à 229,233 francs.

A partir de 1860, on comptait 21,921 abonnés ; au 31 décembre 1872, il y en avait 37,889. Le total des maisons de Paris est de 73,624, il en restait donc près de la moitié qui ne recevaient pas encore d'eau ; elles en sont réduites à la demander aux porteurs d'eau, ou bien à l'aller chercher aux fontaines publiques. Le nombre des maisons abonnées s'accroîtra encore forcément, soit à cause des avantages qu'y trouvent les propriétaires aussi bien que les locataires, soit parce que la ville oblige les entrepreneurs à prendre une concession d'eau dans toutes les maisons en construction.

Le produit des abonnements est pour la ville une source de revenus qui ne fait que s'accroître d'année en année ; nous venons de voir qu'il était monté de 365 à 229,223 francs pendant les dix premières années du siècle ; en 1872, les recettes s'étaient élevées à 6,979,178 francs , le budget de 1874 a prévu 7,491,000 fr. de recettes.

Bien des compagnies industrielles pour la distribution des eaux se sont succédées à Paris ; toutes ont fini par sombrer et la Ville a été obligée de recueillir leur héritage. Cependant, avant 1859 , date du dernier agrandissement de Paris, une compagnie sérieuse , la Compagnie Générale des Eaux, desservait la banlieue jusqu'au mur d'enceinte. Une transaction survint entre cette compagnie et la Ville : celle-ci se substitua à la première dans la possession des établissements hydrauliques que la compagnie avait fondés et dans le droit de vendre l'eau ; en échange, la Compagnie reçoit pendant cinquante ans une somme annuelle de 1,160,000 francs, payée mois par mois, et, à titre de prime, le quart de la somme excédant un revenu de 3,600,000 francs, le cinquième seulement si le revenu dépasse 6,000,000.

Elle est chargée de faire les abonnements , de surveiller la distribution des eaux dans les propriétés particulières, de filtrer l'eau vendue aux fontaines marchandes, de faire les recettes et d'opérer toutes les semaines entre les mains de qui de droit le versement des sommes encaissées.

Outre la quantité d'eau réservée pour l'usage des habitants, pour la boisson, les besoins du ménage, la cuisine, la buanderie, l'écurie, les bains publics et privés, les usines, les machines à vapeur fixes ou mobiles, les chemins de fer, etc., une grande partie, comme nous l'avons vu, est utilisée pour le service de la ville, pour sa propreté, sa salubrité, pour l'entretien de la fraîcheur, pour mettre les jardins, les squares, les arbres, les pelouses à l'abri de la sécheresse ; pour nettoyer largement les égouts, pour l'embellissement des jardins publics, des parcs, des promenades, au moyen de jets d'eau, de fontaines jaillissantes, de cascades, de lacs et de rivières factices.

Lorsque l'on voit la prodigalité déployée dans la distribution de l'eau à Paris, pour l'usage privé et surtout pour les services publics, l'on peut considérer comme parfaitement suffisante la quantité dont la capitale dispose aujourd'hui, tout en la félicitant de vouloir l'augmenter encore d'un quart.

Avec une quantité proportionnellement semblable, c'est-à-dire avec une moyenne de 80 à 150 litres d'eau par jour et par habitant, Bourg pourrait donc donner satisfaction à tous les besoins de la cité. Non-seulement les habitants seraient amplement pourvus pour les besoins de la maison, service de la table, cuisine, buanderie, jardin, usines, propreté intérieure, maisl'édilité pourrait enfin organiser les services nécessaires pour assurer la propreté, la fraîcheur, la salubrité dans notre ville, c'est-à-dire l'arrosage et le lavage des rues, des places, des promenades et des routes urbaines qui traversent nos faubourgs ; elle y ramènerait ainsi un peu de fraîcheur en été, et elle mettrait fin à ces nuages de poussière qui, par le moindre vent, remplissent les yeux et les vêtements et jusqu'au dernier recoin de nos habitations. En même temps elle purifierait quelque peu les égouts, et elle les rendrait absolument propres et salubres, si les habitants cessaient d'y déposer leurs ordures et se décidaient à les recueillir dans des fosses closes, fixes ou mobiles. Non-seulement la propreté et la salubrité seraient ainsi assurées, mais l'agriculture y trouverait un bénéfice qui ne serait point à dédaigner.

Ainsi que cela a eu lieu à Paris pour la distribution de l'eau et à Bourg même pour la distribution du gaz, nous ne devons pas espérer obtenir dès le début un nombre considérable d'abonnements particuliers ; mais lorsque les habitants se seront rendus compte des économies de temps et de travail que leur procurerait l'arrivée de l'eau dans l'intérieur des appartements et à tous les étages, il n'est pas permis de douter que leur nombre ne tardera pas de s'accroître dans une large proportion. Nous n'en voulons d'autre garant que le nombre considérable de puits construits dans l'intérieur des maisons. Ces constructions démontrent le désir de chacun d'avoir de l'eau à sa portée, puisqu'on n'a pas reculé devant les frais d'établissement et les dépenses d'entretien qu'elles entraînent.

Lorsque le moment sera venu d'étudier le côté financier du service des eaux à Bourg, l'on ne devra pas perdre de vue les systèmes successivement expérimentés à Paris et notamment le mode de régie intéressée par une Compagnie, qui est actuellement en vigueur.

Enfin nous avons vu que les diverses sources, auxquelles Paris emprunte ses eaux, fonctionnent au moyen de constructions et d'appareils complétement indépendants, et qui ont été successivement ajoutés les uns aux autres ; c'est encore un enseignement dont, au besoin, nous pourrons faire notre profit.

#

Lyon. — La Compagnie des eaux de Lyon fournit à la ville 80 litres par jour et par habitant. Cette quantité, à peine suffisante, doit être portée à un hectolitre.

La ville ne fait pas de subvention à la Compagnie, elle garantit seulement les intérêts du capital engagé.

La Compagnie puise ses eaux dans une vaste galerie construite parallèlement au Rhône ; les eaux du fleuve y arrivent filtrées à travers la couche de gravier qui les sépare. Elles sont conduites au moyen d'une pompe aspirante et foulante dans un réservoir situé sur le plateau de la Croix-Rousse, pour être de là distribuées dans tous les quartiers de la ville. Quand les eaux sont basses, ces galeries sont insuffisamment remplies et la Compagnie est obligée de combler le déficit en puisant directement dans le fleuve. Alors, les eaux distribuées sont plus ou moins troubles, et le public s'en plaint. L'administration municipale est en instance pour obtenir de la Compagnie la construction de nouvelles galeries de filtration ; celle-ci résiste et demande une subvention.

Ces renseignements, tout à fait insuffisants pour devenir aussi utiles que possible, auraient besoin d'être complétés. La municipalité de Bourg est mieux en situation que personne pour les obtenir.

La ville de CHALON-SUR-SAONE est en voie d'appliquer le même système de captation et de distribution aux eaux de la Saône.

#*#

VILLEFRANCHE (Rhône), 14 à 15,000 habitants. — En janvier 1840, l'administration municipale de Villefranche passait un traité avec une Compagnie pour la fourniture d'eau potable pendant une durée de cinquante ans.

La quantité d'eau à répartir devait s'élever à six hectolitres par minute, pendant douze heures par jour, soit 4,230 hectolitres par jour.

Elle devait alimenter : 1º Trois fontaines monumentales à deux ou quatre jets chacune, coulant les uns douze heures, les autres vingt-quatre heures par jour, les habitants ayant la faculté d'y puiser ;

2º Douze bornes-fontaines à ressort avec coquilles, trois d'entr'elles munies d'abreuvoir et donnant chacune 18 litres par minute ;

3º Huit bouches à eau coulant à raison de 150 litres par minute et s'ouvrant seulement deux fois par semaine, une heure chaque fois, pour l'arrosage des rues. En cas d'incendie, ces bouches à eau peuvent être ouvertes ; une double clef est déposée à cet effet à la mairie.

Quatre pas de vis, disposés de manière à recevoir des tuyaux en cuir pour alimenter les pompes en cas d'incendie, sont placés le long des conduits des eaux, à des endroits désignés par le maire.

Si dans l'avenir les besoins l'exigent, la municipalité se réserve le droit de demander l'établissement de nouvelles bornes-fontaines (huit au maximum) et de nouvelles bouches à eau (quatre au plus), moyennant un supplément de 250 francs par chaque nouvelle ouverture, borne-fontaine ou bouche à eau.

La Ville fournit gratuitement à la Compagnie les terrains qui lui appartiennent pour l'établissement des monuments et des conduites d'eau ; tous autres terrains seront acquis aux frais et risques de la Compagnie. Celle-ci est chargée de la construction, de la pose et de l'entretien des monuments, conduites d'eau et tous appareils ; elle est responsable des accidents que leur fonctionnement peut produire, infiltrations, éboulements, etc.

Les travaux et appareils sont placés sous la surveillance continuelle du maire ou de son délégué.

La ville paie à la Compagnie 5,000 fr. par an, par douzièmes.

Si la quantité d'eau est inférieure à celle

que la Compagnie s'engage à fournir chaque jour, il est fait, au profit de la ville, une retenue dont le chiffre est ainsi fixé pour le temps pendant lequel le service aura manqué en tout ou en partie :

1 fr. par heure par borne-fontaine ;

5 fr. par heure par bouche à eau ;

4 fr. par heure pour chaque fontaine monumentale.

Le tout, sans préjudice des indemnités dues aux habitants pour leurs fournitures particulières.

Dans le cas où la Compagnie justifie que l'insuffisance du service ne provient pas de son fait, il n'y a pas lieu à indemnité.

La Ville concède à la Compagnie, pendant cinquante ans, durée de la concession, le droit exclusif de fournir l'eau nécessaire aux particuliers, moyennant un abonnement réglé de gré à gré, dans les limites du maximum suivant qui ne peut-être dépassé :

5 centimes pour 50 litres par jour ;

7 — pour 100 litres par jour ;

5 — par 100 litres d'eau excédant, jusqu'à 900 litres par jour ;

50 — pour 1,000 litres par jour.

Par cet article, la Ville s'oblige seulement à ne pas traiter avec une autre compagnie pour la fourniture des eaux aux habitants, mais elle n'entend pas interdire à ceux-ci le droit de s'en procurer comme ils le jugeront convenable, sans être astreints à s'adresser à la compagnie.

La Ville s'interdit de vendre son eau, mais elle

3

peut conserver ou remplacer les puits, pompes et fontaines qu'elle possède actuellement et même en créer de nouveaux.

Les adjudicataires ne peuvent céder leur concession sans autorisation.

En cas d'inexécution du bail, notamment en ce qui concerne la pureté et la quantité d'eau, la Ville peut le résilier avec dommages et intérêts.

Ainsi Villefranche avait demandé pour son usage : arrosage et lavage des rues, promenades, faubourgs, nettoiement des égouts, service des incendies, etc., environ 4,000 hectolitres d'eau par jour, soit un peu plus de 25 litres par habitant. Dès les premiers jours, cette quantité était jugée absolument insuffisante. Du reste, la quantité fournie s'est trouvée excessivement variable. Elle n'a presque jamais été réalisée, si ce n'est à la suite des grandes pluies. Il en est résulté que, si la Ville eût voulu faire l'application rigoureuse du cahier des charges, en ce qui concerne les retenues, elle n'aurait jamais eu à payer le premier sou de sa subvention annuelle.

La première compagnie concessionnaire, fondée par actions, a été obligée de liquider et de céder sa concession à une autre compagnie.

J'ai dit que la quantité dont la Ville avait d'abord cru pouvoir se contenter avait bientôt été jugée insuffisante. Pour y obvier, en 1867 elle confia à M. Celler, ingénieur ordinaire des ponts et chaussées, à Lyon, le soin de lui indiquer les moyens d'obtenir une quantité convenable d'eau de bonne qualité.

M. Celler étudia d'abord les moyens d'amener à Villefranche les eaux de la Saône. Il conclut de ses études, que l'eau pourrait être en toute saison aussi abondante qu'on le désirerait ; que l'établissement de la prise d'eau et de sa distribution serait peu coûteux, mais que le fonctionnement des appareils entraînerait d'assez fortes dépenses, et que, d'un autre côté, la température de l'eau varierait en même temps que celle de l'athmosphère : il écarta donc ce premier projet.

Il examina ensuite des sources situées entre Theizé et Frontenas, à seize kilomètres environ de Villefranche. Ces sources pouvaient donner en toute saison et chaque jour environ 13,000 hectolitres d'une excellente eau.

Les travaux à construire devaient se composer de :

Une galerie de recueillement des sources et travaux de captage .... 90.000 f.

Un canal de conduite en maçonnerie, un syphon avec des regards convenablement espacés, et un réservoir de 5,000 hectolitres..................... 207.605

Travaux pour compléter la distribution actuelle 80.000

Dépenses imprévues 22.395

Total........ 400.000

M. Celler déclare que ses calculs sont établis sur

une base très-large , ce qui lui permet d'affirmer que le chiffre de la dépense pourra être abaissé, mais qu'il ne saurait être dépassé.

Le rapport de M. Celler a été déposé le 2 juin 1868 ; jusqu'à ce jour la municipalité de Villefranche a reculé devant l'élévation des frais.

Un fait intéressant à noter :

Le 1er septembre 1868 , M. Celler réclamait à la municipalité de Villefranche 1,095 fr. pour indemnité de ses travaux et de ses déplacements , plus 516 fr. dus à M. Lelarge , conducteur des ponts et chaussées, à Villefranche , qui l'avait secondé dans ses travaux.

Le Conseil municipal répondit à cette demande, d'une part, qu'il ne devait rien à M. Lelarge, auquel il n'avait donné aucun mandat ; d'autre part, que M. Celler ayant profité , pour faire ses études , des tournées et des travaux qui lui étaient imposés par ses fonctions , il estimait qu'une somme de 500 fr. était suffisamment rémunératrice. A la suite de débats qui n'ont pas duré moins d'une année, M. Celler accepta pour règlement de tous comptes une somme de 1,000 fr., à partager à parts égales entre lui et M. Lelarge.

***

MACON. — 20,000 habitants. — Les faubourgs (4,000 habitants) n'ont pas accès aux eaux publiques.

Les eaux proviennent de deux sources situées à

3 et 4 kilomètres au nord-ouest et au sud-ouest de Mâcon. Elles sont amenées à travers des conduits, les uns métalliques, les autres en terre, dans deux réservoirs contenant : l'un 18,000, l'autre 5,000 hectolitres. Les deux sources fournissent ensemble environ 9,000 hectolitres par jour par les temps pluvieux ; mais dans les saisons sèches, le rendement est descendu à 3,500 et même à 3,000 hectolitres. De là, pénurie. Car, outre les établissements publics, il faut pourvoir à 70 ou 75 bornes-fontaines, nombre insuffisant, et à une fourniture de 1,000 hectolitres à des abonnés.

Le revenu pour la ville se partage avec l'entrepreneur ; il est de 5,000 et quelques cents francs par an. Avec une distribution plus considérable, on satisferait à un plus grand nombre de services et l'on toucherait un revenu de 25,000 fr. En commençant, personne ne se pressait et à présent tout le monde en voudrait.

En établissant les travaux, l'on a nécessairement fait quelques fausses manœuvres ; cependant les constructions sont disposées de telle façon que d'autres sources, voisines des premières, peuvent être aisément conduites aux mêmes tuyaux de distribution, sans modification aucune du système. L'on ne doute pas de trouver sous les couches du sous-sol des veines hydrauliques d'un volume suffisant pour combler le déficit. Après des essais pour prendre l'eau dans la Saône, on a préféré ce dernier système. Bien des villes voisines de rivières, comme Nevers, Chalon-sur-Saône, ont fait des dépenses considérables pour utiliser les eaux de ces rivières et n'ont pas à s'en féliciter.

Les travaux accomplis jusqu'à ce jour ont coûté environ 300,000 fr. ; avec 100,000 fr. de plus, la ville peut-être entièrement pourvue.

Notre correspondant est persuadé que les 300,000 fr. eussent bien avancé la solution du problème ; mais on a hésité, on a fait des sondages dans la couche de gravier de la rivière, on a multiplié les projets, pour enfin arriver à une manière toute simple : prendre au sous-sol des eaux suffisamment élevées, les faire passer dans un réservoir à dépoter, et de là, les distribuer.

Conclusion. — Prendre des eaux de source et ne pas se contenter du jaugeage d'une seule année, mais comparer la chute de la pluie de l'année du jaugeage avec la quantité minima qui tombe dans un temps donné afin de ne pas se trouver pris aux illusions du produit aquatique, c'est-à-dire jauger les sources en temps de sécheresse et prendre pour distributeur un fontainier expérimenté. Les faux-pas coûtent trop cher.

La question des conduits hors la ville est une petite question, c'est tant par mètre courant (1).

---

(1) Notre correspondant, exclusivement préoccupé de la position des sources de Mâcon, ne tient certainement pas un compte suffisant de la distance à parcourir, des obstacles à franchir et des travaux d'art à établir, suivant les localités, pour amener les eaux du point de captage au réservoir de distribution.

C'est la conduite en ville qui coûte le plus. Le point essentiel est de posséder de bonnes sources.

Nous avons remarqué à Mâcon un fait qui nous a semblé fâcheux : des bornes-fontaines ont été placées tout à côté d'anciennes pompes, lesquelles ont été supprimées. Il nous eût semblé plus judicieux de conserver provisoirement les bouches d'eau existantes, auxquelles on aurait ajouté les nouvelles bornes, sauf, après quelques années, à faire disparaître celles dont l'inutilité eût été absolument démontrée.

Nous aurions pu ajouter à l'historique qui précède celui des services hydrauliques établis dans quelques autres villes. Ceux-là suffisent provisoirement. Tout en adressant nos remercîments aux personnes qui nous ont communiqué ces renseignements, nous ne pouvons nous dissimuler qu'ils sont généralement très-incomplets. Nous ne doutons pas que la commission désignée par le Conseil municipal de Bourg pour étudier cette grave question, ne s'entoure de tous les documents capables de l'éclairer et de la conduire à une solution sûre et garantie contre les fausses manœuvres auxquelles ont été exposées d'autres villes. Pour cela, si nous en jugeons par notre expérience personnelle, les correspondances écrites ne suffisent pas, et c'est seulement en envoyant sur les lieux quelqu'un des membres de la commission que celle-ci pourra être assurée d'obtenir tous les détails nécessaires.

LES EAUX A BOURG

Nous arrivons à l'examen du service des eaux à Bourg. Nous avons dit en commençant qu'avant de se prononcer, la commission devait se rendre compte de la *quantité* d'eau nécessaire aux besoins tant publics que particuliers de la ville ; des *lieux* où elle pourrait trouver cette quantité d'une eau de *bonne qualité ;* qu'elle devait s'assurer si les eaux de Lent présentent cette double condition de qualité et de quantité ; enfin dans quelles conditions ces eaux pourraient être amenées et distribuées en ville au point de vue des travaux à exécuter, de la dépense à faire et des recettes à prévoir, et enfin qu'elle devait rechercher les mesures financières les plus compatibles avec les intérêts de la villè.

Nous allons essayer d'examiner chacun de ces points.

✻
✻ ✻

QUANTITÉ D'EAU NÉCESSAIRE. — Pour se rendre compte de la quantité d'eau nécessaire aux besoins d'une ville, il ne suffit pas de calculer celle qui se sert sur la table des particuliers ou qui est destinée aux usages journaliers du ménage, lavage de la vaisselle et des appartements, lessive, bains, écuries, jardins, services des hôtels, cafés, cabarets et pour certaines industries ; il en faut encore pour les établissements publics, lycée, écoles, tribunal, prison, hôpitaux, préfecture, etc. ; il en faut surtout de grandes provisions pour le service proprement dit de la ville, lavage et arrosage des rues, des promenades, des marchés, des faubourgs, bains et lavoirs publics, secours en cas d'incendie, nettoiement d'égouts, etc.

Les données de l'hygiène et l'expérience fixent à au moins un hectolitre par jour et par habitant la quantité d'eau indispensable en toute saison, mais surtout en été, pour satisfaire à des besoins aussi divers. Certaines villes, Paris par exemple, en reçoivent déjà une quantité à peu près égale à cette moyenne, ce qui ne les empêche pas de faire des frais considérables pour l'augmenter encore. D'autres ont cru pouvoir se contenter à moins ; elles reconnaissent aujourd'hui que les dépenses sont à refaire, et que, sous prétexte d'économie, elles se sont préparées des frais onéreux pour l'avenir.

Or, la population de Bourg est aujourd'hui de près de 15,000 habitants, et elle est en voie de prendre un accroissement qui ne semble pas près de vouloir s'arrêter ; il est donc prudent d'estimer à au moins 20,000 hectolitres la quantité d'eau nécessaire chaque jour à ses besoins, surtout pendant l'été.

*
* *

Quantité actuelle. Aujourd'hui, Bourg ne possède d'autre eau que celle que lui fournissent la source des Capucins et un certain nombre de puits publics ou particuliers.

La source des Capucins fournit une eau d'excel-

4

lente qualité, fraîche, d'une température égale, limpide, inodore, de digestion facile, se conservant bien, très-propre à la cuisson des légumes et à la dissolution du savon. Elle s'échappe par six fontaines situées rue Clavagry (fontaine de l'Olivier), rue Bourgneuf (fontaine des Jacobins), rue de l'Etoile, place d'Armes (de chaque côté de l'entrée de la Mairie) et place Grenette.

Un jaugeage de la source opéré par M. Lombard, agent-voyer-chef, pendant l'été de 1864, a établi qu'à cette époque elle produisait 50 centilitres par seconde, soit environ trois litres par habitant. A la fin de l'été de 1865, elle ne donnait que deux litres par jour et par habitant (la population de la ville était estimée à 13,000 habitants). Depuis, des réparations ont été faites aux conduits qui laissaient perdre une quantité d'eau assez considérable. Un jaugeage des six fontaines, opéré le 31 août 1874, c'est-à-dire vers la fin de cet été, a constaté un écoulement de 120 litres par minute, soit 1,728 hectolitres pour la journée entière, c'est-à-dire un peu plus de onze litres par habitant. Il ne faut pas oublier que les fontaines coulent sans interruption le jour et la nuit, et que, en conséquence, les trois quarts de l'eau au moins se perdent directement dans les égouts. Il semblerait tout au moins raisonnable de conserver cette eau la nuit dans des réservoirs, et de ne la laisser échapper que pendant la journée.

Une liste qui nous a été communiquée par l'Administration municipale, fixe à 230 le nombre

des puits, avec ou sans pompe, appartenant à des
particuliers. Une contre-visite, que nous avons faite
dans certaines rues, nous a démontré que ce chiffre
était encore au-dessous de la réalité. A ces 230
puits il faut ajouter vingt-cinq pompes publiques
réparties dans tous les quartiers. L'eau qui les
alimente provient de la couche qui s'étend sous
la ville ; elle est pure, fraîche et de bonne
qualité ; mais le nombre même de ces puits con-
tribue à l'altération de leur eau, parce que, étant
trop peu puisée, elle reste très-longtemps stagnante.

Une autre cause encore plus puissante d'infection
provient du voisinage des égouts. La mauvaise
construction de ceux-ci et le dépôt permanent des
déjections sur la surface du sol, résultant de
l'absence de fosses closes, entraînent des infiltrations qui se font un passage à travers les parois des
puits et produisent une ignoble boisson qu'il n'est
pas besoin de qualifier. Pour ces raisons, la plu-
part de ces puits ont été mis hors d'usage et, si
l'on en excepte un petit nombre, l'établissement
de nouvelles fontaines et l'introduction de l'eau
dans l'intérieur des maisons les aura bientôt fait
tous abandonner.

Il ne serait donc permis de faire entrer en ligne
de compte que les six fontaines qui donnent issue
à la source des Capucins. Mais nous avons vu
qu'elles fournissent ensemble un maximum de
1,500 à 1,800 hectolitres par jour, sur lesquels les
trois quarts sont perdus. Il n'y a donc pas lieu d'en
tenir compte, et tout système destiné à alimenter

Bourg devra fournir chaque jour, dans leur inté-
gralité, les 20,000 hectolitres jugés nécessaires.

***

Sources a exploiter. — Où trouverons-nous
cette masse d'eau ?

Cette question a été très-sérieusement étudiée
par M. Lombard, dans l'important mémoire dont
nous avons déjà parlé; nous le prendrons pour
guide.

Pour M. Lombard, il n'existe à proximité de
Bourg que trois masses d'eau susceptibles de pour-
voir aux besoins de la ville : 1º La couche aquifère
du plateau compris entre Bel-Air et le faubourg de
Mâcon ; 2º une couche placée sous le plateau de
Challes avec une issue, la source de la Grode,
entre Cuègre et le cimetière, et 3º les sources de
Lent.

Pour les besoins de la ville, que l'auteur du mémoire estime à 15,000 hectolitres par jour, celui-ci
juge que les deux couches de Bel-Air et de Challes
devraient être employées simultanément, la première devant fournir 12,500 hectolitres par jour et
la seconde près de 3,000 hectolitres.

Couches aquifères de Bel-Air et de Challes.
— M. Lombard déclare que, dans sa pensée, la
richesse de ces deux couches serait inépuisable ;
toutefois il recommande, sagement selon nous, de
s'assurer par tous les moyens possibles de la réalité de cette richesse avant de commencer aucun
travail. Il émet la crainte salutaire que la puissante

saignée qu'y déterminerait l'établissement d'un grand puisard destiné à fournir, d'un côté plus de 12,000 et de l'autre près de 3,000 hectolitres par jour, « ne conduise à la longue à l'appauvrissement de cette couche. Si ce fait se réalisait, il entraînerait nécessairement l'anéantissement du système. Pour ma part, ajoute-t-il, je ne redoute pas ce résultat désastreux, mais on concevra parfaitement que je ne puisse ni ne veuille accepter aucune responsabilité à cet égard. »

La réserve de M. Lombard nous semble prudente ; des faits qui se sont produits depuis la publication de son mémoire lui ont apporté une forte consécration. Personne n'ignore que l'énorme puisard de la gare est devenu tellement insuffisant que la compagnie est obligée de l'alimenter à l'aide d'une pompe à feu établie dans les prairies qui longent la Veyle, sur la commune de Saint-Denis.

Si la commission voulait donner la préférence à ce système, il serait urgent, auparavant, de l'étudier à ce point de vue avec la plus scrupuleuse attention. Mais, même dans le cas le plus avantageux, la quantité d'eau à en attendre ne pouvant pas dépasser 15,000 hectolitres par jour, nous ne pouvons pas croire qu'elle s'arrête à ce projet, malgré le prix relativement peu élevé des travaux de captage et de distribution, prix qui, suivant le système adopté, varierait entre 155,000 et 215,000 fr., en y comprenant la distribution en ville qui, dans tous les cas, est évaluée à 65,000 fr.

Sources de Lent. — Voici, en résumé, comment s'exprime M. Lombard :

« A la hauteur du village de Lent et dans la vallée même de la Veyle, on trouve au pied du coteau qui ferme à droite cette vallée et sur une longueur de près d'un kilomètre, une série de sources splendides fournissant en tout temps et d'une manière uniforme des eaux fraîches, pures et en quantité bien supérieure au volume reconnu nécessaire à l'alimentation de la ville de Bourg. Non-seulement ces sources sont intarissables, mais encore elles fournissent en tout temps le même volume. Placées à une faible distance de la rivière de la Veyle, leur produit tombe immédiatement dans ce cours d'eau ; elles ne servent même pas à l'irrigation des prés où elles surgissent et dans lesquels, au contraire, elles entretiennent une humidité des plus pernicieuse. Trois ou quatre de ces sources seraient suffisantes pour l'alimentation de notre ville ; mais pour cela, il faudrait les capter, les mettre à l'abri des inondations de la Veyle et les préserver des atteintes du public, en les enveloppant d'une enceinte complétement fermée. La plus basse de ces sources domine de 8 mètres 72 centimètres le point culminant de la ville de Bourg (jardin Dugas). Elle est séparée de ce point par une distance de 9,400 mètres ; la source la plus éloignée de Bourg en est à 10,064 mètres, elle domine la ville de 10 mètres 40 centimètres. Je me suis assuré par un nivellement exact qu'entre les sources de Lent et Bourg il n'existe aucun obstacle quelconque. La canalisation, après avoir traversé la petite vallée de Montmouth, s'installerait le long du coteau de Longchamp, traverserait la route départementale une première fois, suivrait le coteau de la Veyle et la petite vallée de Lalleyriat, après avoir traversé une seconde fois la route départementale ; de là elle resterait au pied de la forêt de Seillon, à peu près parallèlement au chemin de fer de la Dombes, traverserait le chemin de fer de Genève sous le passage au-dessous de la Correrie, atteindrait le plateau de Bel-Air et viendrait verser ses eaux dans un château-d'eau d'une capacité de 800 à 1,000 mètres cubes (8,000 à 10,000 hectolitres), installé dans le jardin Dugas.

« Ce système constitue le projet le plus beau, le plus complet, le plus sûr de tous ceux qui peuvent être formés pour l'alimentation de notre ville ; avec lui, plus de crainte, plus d'incertitude ; il offre la sécurité la plus complète pour le présent et pour l'avenir. Le château-d'eau pourrait être installé à 3 mètres 50 centimètres au-dessus du point culminant de la ville, et fournir de l'eau non-seulement à tous les quartiers, mais encore à tous les étages de toutes les maisons autres que celles situées dans les faubourgs de Lyon et du Mail ; encore, dans ces dernières, l'eau pourrait-elle atteindre généralement le premier étage.

« Le seul inconvénient de ce système c'est d'entraîner une dépense de 200,000 fr. ; toujours non-compris les 65,000 fr. de la distribution en ville. L'étude définitive et complète du projet de Lent pourra, je l'espère, permettre la construction d'une conduite libre sur une grande partie de la longueur comprise entre Lent et Bourg. Si cette espérance se réalisait, elle amènerait une économie d'au moins 30.000 fr. sur le montant des dépenses. »

Des analyses chimiques des eaux de Lent ont été faites séparément, l'une à l'Ecole des ponts et chaussées, l'autre par notre compatriote Charles Robin, l'éminent professeur de la Faculté de médecine de Paris, et une troisième par M. Salesse. Le résultat de ces trois analyses a été à très-peu de chose prés identique ; leurs auteurs ont conclu que cette eau est une bonne eau potable et aussi bonne qu'on la puisse désirer. La fraîcheur de sa température (12º) la garantit contre la production de substances organiques qui souvent rendent nuisibles les eaux d'une très-bonne composition chimique. Enfin, laissée exposée à l'air pendant plus d'un mois, elle n'a pris aucun mauvais goût et n'a subi aucune altération. Ce sont là d'excellentes conditions ; l'analyse définitive, que la commission ne saurait se dispenser d'ordonner, ne manquera sûrement pas de les confirmer.

Il a été expliqué que, sur un kilomètre de longueur, la vallée de la Veyle donne naissance à un grand nombre de sources abondantes et intarissables. Deux de ces sources surgissent sur un pré appartenant à Mme veuve Pochet, de Bourg. Le jaugeage de ces sources a été fait à deux reprises différentes et à trois mois d'intervalle par **M. Lom**bard. Voici le résultat de ces opérations :

Jaugeage fait le 28 avril 1866.

Débit par seconde de la source supérieure. 13 l. 08 c.

—   —   —   —   inférieure.. 9 l. 39 c.

Débit total des deux sources..... 22 l. 47 c.
Soit 19,414 hectolitres par jour.

Jaugeage du 7 août 1866, après un curage de la source supérieure.

Débit par seconde de la source supérieure. 17 l. 07 c.

—   —   —   —   inférieure.. 7 l. 30 c.

Débit par seconde des deux sources.. 24 l. 37 c.
Soit 21,055 hectolitres par jour.

Ces résultats démontrent : 1° En ce qui concerne la source supérieure, que les procédés de captage modifient sensiblement le produit des sources, puisque cette source qui n'avait donné un débit que de 13 litres 8 centilitres par seconde au mois d'avril, c'est-à-dire dans une saison humide, a produit 17 lit. 7 c. au mois d'août, c'est-à-dire pendant la sécheresse, après qu'elle eut été curée. C'est une différence de 3 lit. 99 c. par seconde, soit 3,447 hectolitres par vingt-quatre heures, chiffre que notre richesse aquatique ne nous permet pas de dédaigner ;

2° En ce qui concerne la source inférieure, dont le jaugeage a été fait dans des conditions de captage pareilles, la différence entre le produit

5

obtenu en avril (9 lit. 39 c.), et celui qui l'a été le 7 août (7 lit. 30 c.) est de 2 lit. 9 c. par seconde, soit 1,805 hectolitres par jour.

Ce résultat confirme avec autorité ce qu'indiquait suffisamment la raison et ce que nous avons vu se produire partout, à savoir que la saison sèche est toujours celle pendant laquelle le produit des sources est le moins abondant. Cette vérité à la La Palisse est tellement grossière qu'il semble presque ridicule d'y insister. Nous avons vu cependant qu'elle a été méconnue trop souvent ailleurs ; si la Commission de Bourg, cédant aux sollicitations du maire, se fût laissé aller à l'oublier, elle eut commis la même faute. Ce n'est pas dans la saison où l'eau nous tombe par tous les toits, où elle fait déborder les sources et les rivières que nous avons besoin d'aller chercher de l'eau bien loin et à grands frais ; c'est seulement en été, pendant la sécheresse, alors que les pompes et les fontaines donnent à peine de l'eau pour la boisson des habitants et pour les besoins du ménage.

C'est donc seulement après des jaugeages fréquemment réitérés pendant toute la durée de la sécheresse, que la Commission pourra prendre une décision, si elle ne veut pas voir ses espérances devenir des illusions ; si elle ne veut pas se faire accuser justement d'ignorance et de légèreté ; si elle ne veut pas assumer sur elle la responsabilité d'une opération qui compromettrait non-seulement les finances de la Ville, mais surtout qui éloignerait pour bien longtemps la réalisation d'une mesure dont le besoin se montre chaque année de plus en plus impérieux.

Cette nécessité de faire des jaugeages fréquents et pendant un temps suffisamment long, ne ressort pas seulement de ce qui s'est passé partout ailleurs, et des chiffres même de M. Lombard ; certaines personnes, et parmi elles des ingénieurs parfaitement en situation de nous renseigner avec la plus entière compétence, nous ont affirmé que les chiffres donnés par M. Lombard sont absolument exagérés et qu'il faut en rabattre dans une proportion inquiétante. L'on comprendra que nous ne veuillions pas prendre parti dans une question de cette nature, mais il était de notre devoir de signaler le fait à la Commission des eaux, dont la réserve et la prudence dans une question de cette importance ne sauraient être égalées que par la volonté d'aboutir à un résultat sûrement utile.

RIVIÈRE D'AIN. — Parmi les projets à étudier, il en est un que nous regrettons de n'avoir pas vu même mentionné dans le rapport de M. Lombard, nous voulons parler de celui qui consisterait à amener à Bourg les eaux de la rivière d'Ain.

Si ce projet était réalisable, pratiquement et financièrement parlant, et, pour notre compte, nous l'ignorons absolument, ce serait bien le cas de s'écrier, avec M. Lombard, à propos des sources de Lent : « Ce système constitue le projet le plus beau, le plus complet, le plus sûr de tous ceux qui peuvent être formés pour l'alimentation de notre ville ; il offre la sécurité la plus complète pour le présent et pour l'avenir. »

Nous avons étudié longuement autre part (*Progrès de l'Ain* du 19 et du 21 novembre 1874) le projet des eaux de l'Ain au point de vue de leur qualité ; nous avons reproduit *in extenso* les conclusions du savant rapport présenté sur cette question, en 1862, à l'Académie des sciences, par M. Boggiale ; nous avons aussi donné des extraits des traités d'hygiène de M. Michel Lévy, professeur au Val-de-Grâce, et du docteur Fay, pharmacien en chef de l'hôpital Saint-Louis, relatifs à ce sujet ; nous y renvoyons les personnes qui désireraient voir traiter *ex professa* cette question capitale. Elles y verront que les conclusions de ces documents sont conformes à l'opinion exprimée par tous les hommes de science, familiers avec l'observation des faits, avec la recherche des causes qui les produisent et avec la connaissance des moyens propres à les faire tourner au profit de l'homme. Tous sont unanimes sur ce point que, en thèse générale et abstraction faite des circonstances spéciales que peuvent seules signaler l'analyse et l'observation, « *la meilleure eau* est celle des grands fleuves et des *larges rivières* qui coulent *rapidement* sur un *lit de sable ou de roc.* »

Leur seul inconvénient, c'est que les orages et les pluies annuelles du printemps, joints aux déjections des villes qu'elles traversent, peuvent exercer une influence fâcheuse sur leur limpidité et 1ur leur pureté ; d'un autre côté, si leur courant est peu rapide et qu'il y ait une grande distance à parcourir entre la source et le point de captage, l'eau peut subir l'influence de la température de l'air, être chaude en été et froide en hiver, ce qui est la pire des conditions.

Ne semble-t-il pas que la description qu précède ait été photographiée sur la rivière d'Ain ? Cours rapide, fond de rocher, de sable et de gravier ; nulle grande ville sur ses bords ni sur ceux de ses affluents venant y déverser les déjections de ses habitants ; nulle maladie endémique, bien au contraire, une santé vigoureuse chez les populations riveraines : telles sont les conditions observées pour les eaux de l'Ain. La petite distance qui sépare la source du point où l'eau serait puisée, jointe à la rapidité du courant, lui conserve par les plus grandes chaleurs une fraîcheur relative bien connue des baigneurs, et qu'il serait sage de faire constater rigoureusement à l'aide du thermomètre.

Si les orages et les crues du printemps font parfois perdre à l'eau de l'Ain sa superbe limpidité, la filtration suffirait pour faire disparaître cet inconvénient ; et la filtration des plus grandes masses d'eau est aujourd'hui victorieusement résolue, ainsi qu'on en peut juger par ce qui passe à Lyon et ailleurs.

En condamnant l'usage de l'eau de la Saône, nous ne commettions nulle contradition : le cours de cette dernière, en effet, est beaucoup plus lent que celui de l'Ain ; elle roule sur un fond de vase et non sur un lit de rocher et de gravier ; elle traverse plusieurs villes d'une certaine importance, Mâcon, Chalon, Tournus, Gray, Auxonne ; le Doubs et plusieurs de ses affluents se trouvent dans le même cas. Il n'y a donc nulle comparaison à établir entre les deux rivières.

Reste l'analyse de l'eau ; reste surtout l'étude des moyens pratiques capables de dériver sur Bourg la quantité d'eau nécessaire. La question de quantité disparaît avec ce système, puis qu'on pourra, en toute saison, emprunter à l'Ain toutes les quantités que l'on pourrait rêver pour les besoins de Bourg, sans que son cours en soit modifié. Reste enfin l'étude de la question financière. C'est seulement après s'être rendu compte de toutes ces conditions et de la possibilité de les réaliser, que la commission pourra trancher une question qui intéresse à un aussi haut degré l'avenir de notre ville.

*
* *

Pour tirer dès à présent les conséquences des faits qui précèdent, nous les résumons ainsi :

1º Pour satisfaire largement aux besoins présents et à venir, il faut à Bourg au moins 20,000 hectolitres par jour d'eau de bonne qualité par les plus grandes sécheresses ;

2º Les couches aquifères de Bel-Air et de Challes seraient de beaucoup les moins coûteuses à exploiter ; mais elles ne semblent pas en mesure de fournir la quantité d'eau voulue. Toutefois, avant d'en rejeter définitivement l'usage, la commission devra s'entourer de tous les renseignements qu'elle pourra recueillir à ce sujet, soit auprès de la maison de Saint-Joseph, soit à la gare, soit partout ailleurs.

3° Avant toute décision, les eaux de Lent seront analysées de nouveau et il en sera fait un jaugeage scrupuleux et plusieurs fois répété, au moins pendant toute l'année prochaine et principalemeht pendant l'été ; la Commission s'assurera que les sources peuvent lui être cédées et qu'elles n'ont pas été déjà acquises par la commune de Lent qui les aurait affectées à l'alimentation d'un lavoir public ;

4° Analyser dès aujourd'hui les eaux de la rivière d'Ain et faire étudier, sommairement au moins, les moyens pratiques de les amener à Bourg, sauf à faire dresser le plan et le devis complet des travaux à exécuter, dans le cas où ces travaux sembleraient réalisables dans des conditions financières compatibles avec nos ressources ;

5° La Commission prendra, auprès de plusieurs villes, les renseignements capables de l'éclairer sur la nature des travaux à exécuter, sur la dépense à faire, sur le rendement progressif de la vente des eaux, sur les systèmes financiers pratiqués, etc.

Distribution en ville. — D'après le projet de M. Lombard, la distribution en ville comprendrait :

1° Un château d'eau établi sur le point culminant de la ville, d'une capacité de 800 mètres cubes (8,000 hectolitres) ; cet édifice serait muni d'un trop-plein, d'un canal de vidange, et d'un appareil permettant son nettoyage sans arrêter le service ;

2° L'établissement des tubes de distribution présentant un développement total de 6,500 mètres, les diamètres étant de 0 m. 20 ; 0 m. 15; 0 m. 08, et 0 m. 06 ;

3° L'établissement sur les tubes de distribution de robinets d'arrêt, de décharge et de jauge, destinés à régulariser le débit et à faciliter le service. Ces appareils, au nombre de 36, sont placés dans des regards en maçonnerie ;

4° L'établissement de quarante-trois bornes-fontaines réparties sur la surface de la ville. Chacune de ces bornes fournit un jet constant de quinze litres par minute, — soit 216 hectolitres par jour, — de telle sorte que le débit total de ces quarante-trois bornes est de 10 litr. 75 cent. par seconde, soit 9,288 hectolitres par jour, et qu'il reste un volume de 5 litr. 61 cent. par seconde, — soit 5,711 hectolitres par jour, — pour les concessions particulières. Chaque borne est munie d'un petit bassin en pierre de taille ; leur trop-plein est rendu dans l'égout le plus proche, ou bien coule dans la rase de la rue. Enfin, chaque borne est munie d'un appareil qui permet de remplacer le jet par un boyau en toile goudronnée, destiné à l'arrosage des rues et à l'alimentation directe des pompes à incendie. Ces tubes de distribution ont d'ailleurs été calculés de manière à ce que chaque borne puisse, à un moment donné, fournir un débit de 240 litres par minute.

L'ensemble du système coûterait 65,000 francs, non compris les dispositions à prendre pour assurer les concessions particulières. Cette évaluation a été fixée en prévision de tubulures en poterie vernie à l'intérieur. L'emploi des tuyaux en béton de ciment de Grenoble produirait une économie d'environ 10 0/0 ; d'un autre côté, si l'on jugeait utile d'employer des tuyaux de fonte, il faudrait augmenter de 28,000 francs le montant de cette dépense.

＊
＊ ＊

Une première objection à faire à ce système, c'est qu'il est établi sur une distribution de 15,000 hectolitres par jour, à partager entre la ville et les particuliers. Or, nous croyons que la distribution ne devrait pas être inférieure à 20,000 hectolitres.

D'un autre côté, le château-d'eau-réservoir a été établi pour une contenance de 8,000 hectolitres seulement, et nous avons vu que partout la capacité de ce réservoir est égale à celle de la distribution de chaque jour. Nous croyons cette mesure bonne, par conséquent il y aurait à élever le chiffre de la dépense. Ce sera un point à étudier.

Egouts. — Il ne suffit pas d'amener chaque jour à Bourg une quantité d'eau considérable ; il faut

6

encore l'en faire sortir. La seule issue qui lui serait ouverte, ce sont les égouts.

Or, à notre avis, et dans l'état actuel des choses, les canaux souterrains qui sillonnent notre ville sont absolument insuffisants à donner un écoulement convenable à la masse d'eau que l'on se propose d'y jeter. Un fait, entre cent autres, suffira pour le démontrer.

Tout le monde a été témoin des inondations dont certaines rues sont couvertes, notamment dans les parties basses de la ville, après une pluie d'orage. L'eau pénètre d'abord avec effort et en tourbillonnant dans les bouches d'égouts, ce qui indique seulement la trop grande étroitesse de ces ouvertures ; mais au bout de quelques instants l'eau se calme, elle reste stagnante pendant un temps plus ou moins long et ne pénètre plus qu'avec une excessive lenteur. Ce dernier phénomène est produit par l'engorgement des canaux et par leur étroitesse. Or, ce qui se produit en temps d'orage deviendrait un état permanent, si l'on n'y portait remède avant d'y amener de grandes quantités d'eau.

Un fait de cette gravité n'a pas échappé à la sagacité de M. Lombard ; tout en indiquant succinctement les inconvénients qui naissent de l'ordre de choses actuel, et l'énormité des dépenses que nécessiterait la réforme radicale que cette situation appelle, il constate qu'il est indispensable de faire disparaître les vices les plus saillants des constructions existantes et notamment d'établir des fosses mobiles dans chaque maison.

Quelle serait l'importance de ces travaux, ce n'est pas le lieu de le rechercher ; mais la Commission ne pourra pas perdre de vue ce point de la question, lorsque le moment sera venu d'en étudier le côté financier et pratique.

CONDITIONS FINANCIÈRES

Nous examinerons successivement dans ce chapitre les dépenses présumées pour l'établissement et pour l'entretien des travaux et les recettes à prévoir des distributions particulières ; puis, nous indiquerons les mesures financières qu'il nous semblerait avantageux d'adopter ou de rejeter.

Dépenses. — Rappelons d'abord l'état des frais établis par M. Lombard, en ne perdant pas de vue qu'ils ont été fixés en prévision d'un approvisionnement de 15,000 hectolitres seulement.

L'auteur du rapport de 1865 a étudié deux systèmes d'approvisionnement. Le premier emprunte les eaux aux couches de Bel-Air et de Challes, le second va les chercher aux sources de Lent.

Le premier système se présente sous quatre faces, selon la manière de capter les eaux. Dans ce cas, les dépenses s'élèvent :

Pour le premier procédé, à	165,000 fr.
Deuxième procédé	155,000
Plus une dépense annuelle de . . .	4,100
Troisième procédé	215,000

Quatrième procédé   205,000
Plus une dépense annuelle de . . .   4,100

Le système qui consiste à aller chercher les eaux
à Lent entraînerait une dépense de 285,000 fr.

Dans ces sommes, sont compris les 65,000 fr. de
la distribution en ville.

Dans les évaluations qui précèdent, dit M. Lombard, je me suis efforcé de me tenir plutôt au dessus qu'au dessous de la dépense réelle, et j'ai l'intime conviction que l'étude définitive d'un de ces systèmes conduira à une réduction appréciable des sommes indiquées.

Il y a loin des chiffres qui précèdent à la somme fixée par MM. Fuchez et Cie, pour la fourniture de 20,000 hectolitres par jour. Ces messieurs estiment à 500,000 fr. les travaux de captage, d'emmagasinage et de distribution de cette quantité d'eau ; c'est 315,000 fr. à ajouter aux 285,000 prévus par M. Lombard pour 15,000 hectolitres. Ce point sera à examiner.

L'on comprendra que nous nous abstenions de fixer le chiffre des dépenses qu'occasionnerait l'exploitation des eaux de la rivière d'Ain ; nous l'ignorons absolument.

Recettes. — M. Lombard estime, ainsi qu'il suit, la somme des recettes à prévoir par le fait des concessions particulières : « Je me borneraià dire à cet « égard, qu'il ne me semble pas téméraire de compter « ter sur quatre cents concessions, lesquelles, à 20

« francs par an, assureraient à la ville un revenu
« annuel de 8,000 francs. »

Dans les propositions de M. Fuchez, l'un des articles stipule que, *à partir du moment où le produit de la vente de l'eau aux particuliers dépassera 15,000 fr.*, le surplus sera partagé à parts égales entre les concessionnaires et la ville. Il prévoit donc que le chiffre de 15,000 fr. peut être dépassé.

Nous avons établi, au début de ce travail, le chiffre des recettes perçues par les villes de Paris et de Mâcon ; cherchons-y des indications.

La population de Paris est de 1,800,000 habitants ; celle de Bourg est de 15,000 , c'est-à-dire qu'elle est 120 fois moindre. Les recettes pour l'année courante, c'est-à-dire 75 ans après la première vente des eaux, ont été estimées à environ 7,500,000 fr. En divisant cette somme par 120, l'on obtient 65,500 fr., somme égale aux recettes perçues à Paris pour 15,000 de ses habitants. N'oublions pas que près de la moitié des maisons de Paris, — 35,735 sur 73,624. — ne participent pas encore aux distributions d'eau. Nous exposons des chiffres, nous ne tirons pas de conclusion.

Nous avons vu que Mâcon reçoit chaque jour 9,000 hectolitres d'eau par les temps humides, et parfois, à peine 3,500 ou même 3,000 hectolitres par les temps de grande sécheresse. Il fournit chaque jour 1,000 hectolitres à ses abonnés, ce qui produit de 10,000 à 11,000 fr. par an, à partager entre l'entrepreneur et la Ville. Notre correspondant estime que le produit s'élèverait dès aujourd'hui à

25,000 fr., avec une distribution plus abondante.
La population de Mâcon est de 20,000 habitants;
il en faut déduire la population des faubourgs,
— 4,000 habitants, — qui ne participe pas aux
eaux.

Depuis un certain temps, les eaux de Lyon ne
suffisent plus aux demandes des particuliers, malgré l'économie apportée dans la distribution des
eaux de luxe, bassins, jets d'eau, fontaines monumentales, etc.

Ces renseignements ont besoin d'être complétés.

Nous arrivons à l'étude des faits qui nous per-
mettront d'établir le chiffre présumé des recettes
à Bourg, dans le présent et dans l'avenir.

Bourg, en y comprenant la banlieue et la population flottante, compte environ 15,000 habitants. Le
mouvement de cette population, sans être très-
actif, est cependant sensible. De 1836 à 1846, elle
s'était accrue d'environ 800 habitants, qu'elle a
reperdus dans les dix années suivantes. De 1856 à
1872, elle s'est augmentée, lentement d'abord, puis
plus rapidement à partir de 1866, de plus de
1,100 habitants.

Les maisons sont au nombre de 1,210 ; depuis
une dizaine d'années, il s'en construit de 7 à 10
par an. On y compte 3,211 ménages.

Il ne faut pas espérer que, dès le début, un
grand nombre de ces ménages trouvant de l'eau
presqu'à leur porte, se décideront à payer pour en
recevoir dans l'intérieur de leurs maisons.

Ce retard dans les abonnements s'est produit

partout. Il s'est produit à Bourg quand le gaz y a été introduit. L'usine à gaz a été fondée en 1843 ; en y comprenant les fournitures faites à la Ville et aux abonnés, le nombre des becs n'était encore que de 304 en 1846 ; il y en avait 410 en 1850 — 500 en 1855 — 675 en 1860 — 819 en 1865. Il s'est élevé à 1349 en 1870 ; il est aujourd'hui de 1900.

L'on voit que dans les premières années, le nombre des becs dépassait à peine le quart de celui des maisons ; aujourd'hui il dépasse ce nombre de 690 ; il est de plus de la moitié du nombre des ménages.

La quantité d'eau nécessaire à un ménage de 4 à 5 personnes, doit être évaluée à au moins 50 ou 60 litres par jour. Dans certaines maisons, hôtels, cafés, auberges, boulangers, jardiniers, usiniers, etc., cette quantité doit être doublée, triplée et même décuplée.

En estimant à 0,05 centimes et demi le prix de l'hectolitre, une concession d'un hectolitre par jour reviendrait à 20 francs par an, ou 1 fr. 75 c. par mois. Pour un ménage qui en prendrait plus d'un hectolitre, le prix pourrait être réduit à 15 fr. l'hectolitre par an.

Dans ces conditions; 410 concessions à 20 fr. produiraient 8,200 fr. et 60 concessions à 30 fr. en donneraient 1,800, soit en totalité 10,000 fr. par an. Or, il nous semble que ce n'est pas émettre une prétention trop exagérée que d'espérer atteindre ce chiffre de 470 concessions au bout d'une dizaine d'années et de s'attendre à le voir doublé dix ans plus tard, c'est-à-dire au bout de la vingtième année, même en admettant que la population ne s'accroisse pas pendant ces vingt ans ; ces 940 concessions ne représenteraient pas même le tiers du nombre des ménages, puisqu'il en resterait encore 2,271 qui continueraient à aller chercher leur eau gratis aux fontaines publiques.

Que ce chiffre de 20,000 fr. s'augmente encore dans l'avenir, tout nous démontre qu'il n'en faut pas douter, l'on voit qu'il y a de la marge ; l'on peut donc compter que l'établissement d'un service des eaux sérieux promet un revenu très-important dans un avenir plus ou moins éloigné.

Les auteurs de la proposition des eaux ont ainsi formulé leurs conditions.

Les concessionnaires s'engagent à amener à Bourg et à leurs frais, les eaux des sources de Lent, et à en faire la distribution dans tous les quartiers. Ils demandent à la Ville pour toute indemnité et pendant soixante-quinze ans, durée de la concession, l'intérêt de la somme dépensée : ils auront pendant le même temps le bénéfice de la vente des eaux et lorsque le produit de cette vente dépassera 15,000 fr. par an, le surplus sera partagé à parts égales entre la Ville et les concessionnaires. Au bout de soixante-quinze ans, la Ville restera seule propriétaire de toutes les constructions, terrains et appareils et du produit des eaux.

Examinons ces propositions.

Les demandeurs en concession ont fixé à 500,000 fr. les frais de distribution de 20,000 hectolitres par jour. Cette quantité étant jugée suffisante, nous nous y tiendrons. Dans les conditions proposées, la Ville aurait à payer pendant soixante-quinze ans un intérêt de 25,000 fr. par an, soit en tout 1,875,000 fr. En même temps les concessionnaires percevraient le produit de la vente des eaux.

Afin de nous tenir considérablement au-dessous des chiffres prévus par les entrepreneurs eux-mêmes, nous évaluerons les recettes à une moyenne de 10,000 fr. par an seulement.

Et maintenant voyons manœuvrer ces chiffres.

Nous disons que les concessionnaires reçoivent 25,000 fr. par an, pour l'intérêt au 5 0/0 du capital engagé, plus 10,000 fr. de bénéfice. C'est un placement assuré de 7 0/0 au minimum : un joli taux d'intérêt !

Mais si les actionnaires consentaient à toucher seulement 5 0/0 d'intérêt pendant un certain temps et à affecter le bénéfice avec son intérêt accumulé au remboursement des 500,000 fr., au bout de vingt-six ans ce capital serait intégralement remboursé avec un bénéfice de 11,133 fr. 85.

Cependant, une fois le capital remboursé, la Compagnie continuerait à recevoir encore pendant quarante-neuf ans les 25,000 fr. de la Ville, plus le bénéfice de la vente des eaux qui serait certainement doublé à cette époque.

7

Nous avons donné autre part *(Progrès de l'Ain du 24 septembre 1874)* le calcul très-simple qui établit ce résultat et qui consiste à additionner le total des sommes versées chaque année, avec le revenu de ces sommes, plus les 10,000 fr. du remboursement annuel; nous y renvoyons ceux qui ne voudraient pas refaire ce calcul après nous.

Il en résulte, en effet, qu'en affectant chaque année le produit de la vente des eaux au remboursement du capital engagé, et en se contentant de percevoir l'intérêt de ce capital comme s'il restait entier, les 500,000 fr. seraient intégralement remboursés au bout de 26 ans, avec un bénéfice de 11,133 fr. 85 c.; les concessionnaires rentrés dans leurs fonds n'en continueraient pas moins à toucher encore pendant 49 ans les 25,000 fr. de la Ville, plus les 20 à 25,000 fr. de la vente des eaux.

C'est pourtant la combinaison que M. Chicod, maire imposé à la ville par le préfet Raffier-Dufour, voulait faire adopter sans examen par la Commission. L'on voit si celle-ci a eu raison de demander le temps de réfléchir. Nous espérons bien qu'elle n'hésitera pas à la repousser.

Nous avons vu, en effet, que par la combinaison des concessionnaires, la Ville aurait à payer en 75 ans une somme totale de 1,875,000 fr., sans toucher un sou de bénéfice. Si, au contraire, elle prenait les travaux à son compte, en contractant un emprunt de 500,000 fr., elle aurait à payer, pendant 26 ans, l'intérêt de ce capital, soit 650,000 fr., en y ajoutant chaque année pendant 25 ans pour amortissement, une somme de 10,000 fr., qu'elle serait sûre de retrouver et au-delà, dans la vente des eaux.

Elle bénéficierait donc d'abord des 1,225,000 fr. représentant la somme des 25,000 fr. qu'elle n'aurait pas à payer pendant quarante-neuf ans, puis du produit de la vente des eaux pendant le même temps, produit qui ne saurait être inférieur à 1,000,000.

1,225,000 fr. de moins à payer, un million de plus à recevoir, la chose, on le voit, vaut la peine qu'on y regarde à deux fois.

Dans le cas où la Ville opérerait pour son compte, elle pourrait choisir entre différents systèmes pour opérer le remboursement du capital emprunté.

Au lieu d'affecter l'intérêt accumulé des sommes remboursées chaque année à l'amortissement de l'emprunt, elle pourrait l'appliquer à l'amortissement des 25,000 fr. représentant l'intérêt annuel de cet emprunt.

10,000 fr. produisent 500 fr. d'intérêt et demanderaient cinquante ans pour parfaire les 500,000 fr. empruntés. Pendant chacune de ces cinquante années, les 25,000 fr. d'intérêt annuel seraient donc diminués de 500 fr. De la sorte, outre les 10,000 fr. affectés chaque année au remboursement du capital, la Ville n'aurait à payer que 24,500 fr. à la fin de la seconde année, 24,0000 fr. la troisième, etc.; et l'on arriverait ainsi, après avoir payé seulement 10,500 fr. la cinquantième année, à ne plus devoir ni capital ni intérêt, à jouir gratuitement des eaux publiques et à verser chaque année dans la caisse municipale le produit intégral de la vente des eaux. La Ville n'aurait déboursé en cinquante que 637,500 fr.

Si cependant le produit de la vente des eaux se fut élevé à 20,000 fr. par an après la vingtième année, et que ce produit eut été appliqué au remboursement du capital, la Ville aurait été libérée au bout de trente-cinq ans, après avoir versé 525,000 fr.

Si, au contraire, la Ville voulait se libérer plus tôt, elle y arriverait en quinze ans en payant 50,000 fr. par an, intérêt et amortissement compris ; il lui faudrait moins de douze ans, en payant 60,000 fr. par an.

La Commission saura bien apprécier le système le plus avantageux.

Dans tous les systèmes examinés, les dépenses occasionnées par l'appropriation des égouts ont été négligées à dessein, parce qu'elles restent les mêmes quel que soit le système adopté. La Commission saura bien les évaluer et les faire entrer en ligne de compte.

____

Ce travail était achevé depuis plusieurs jours, lorsqu'un décret du gouvernement a convoqué les électeurs pour procéder au renouvellement des conseils municipaux. Quelque doive être le résultat des élections, nous n'avons rien trouvé à y changer.

Dr E. TIERSOT,

Représentant de l'Ain,

Ancien adjoint révoqué de la ville de Bourg,

Membre de la Commission des eaux.